Horst Schubert
Papier-Phantasien
Anregungen zum plastischen
Gestalten

© 1992 Ravensburger Buchverlag
Otto Maier GmbH
Alle Rechte vorbehalten
Umschlaggestaltung:
Ekkehard Drechsel BDG
Fotos und Zeichnungen:
Horst Schubert
Gesamtherstellung:
Druckerei Uhl, Radolfzell
Printed in Germany

95 94 93 92   4 3 2 1

ISBN 3-473-45620-9

CIP-Titelaufnahme der
Deutschen Bibliothek

Schubert, Horst:
Papier-Phantasien: Anregungen
zum plastischen Gestalten /
Horst Schubert. –
Ravensburg: Maier 1992
(Ravensburger Creativ)
ISBN 3-473-45620-9

Horst Schubert

Papier-
Phantasien

Anregungen
zum plastischen Gestalten

Otto Maier Ravensburg

Inhalt

Vorwort

Daß man aus einem Stück glatten Papiers erstaunliche Figuren und Formen entstehen lassen kann, wissen wir spätestens, seit die japanische Kunst des Papierfaltens bei uns populär geworden ist. Doch daß man aus schlichtem, weißem Zeichenkarton auch „Plastiken" gestalten kann, wird sich, wer nicht schon in dieser oder jener Weise mit dem Werkstoff Papier vertraut ist, nur schwer vorstellen können. Die Papierplastiken – nur so kann man die Arbeiten in diesem Buch treffend benennen – sind vorwiegend aus Zylindern und Kegeln aufgebaut; ihre plastische Wirkung ergibt sich durch vielfältige Wölbungen und bogenförmig angelegte, runde und geschwungene Falzungen. Die dabei entstehenden Linien und Formen werden durch das schlichte Weiß des Papiers und die weichen Schattenverläufe von dunklem zu ganz hellem Grau noch unterstrichen.

Die plastische Papiergestaltung beinhaltet in ihren Arbeitsschritten einige besondere Techniken, die natürlich erst einmal erlernt werden müssen. Das erfordert zunächst Geduld und vor allem Feingefühl im Umgang mit Material und Werkzeug. Hier ist ein guter Rat angebracht: Sie sollten unbedingt mit den einfacheren, unkomplizierten Arbeiten beginnen, dann werden sich das richtige Gefühl für die Technik und schließlich die Freude an den gelungenen kleinen Kunstwerken bald einstellen. Die Ergebnisse Ihrer Mühen sind als attraktiver Raumschmuck oder auch als außergewöhnlicher Tischschmuck zu verwenden und werden sicher schnell zu begehrten Geschenken bei Ihren Freunden. Viel Spaß beim „Erlebnis Papier" wünscht Ihnen

Ihr Horst Schubert

Material und Werkzeug

Papier gibt es in vielen verschiedenen Qualitäten und Stärken. Der Fachmann spricht allerdings nicht von der Stärke, sondern vom Gewicht eines Papiers, und zwar von Gramm pro Quadratmeter (g/m²). Bis etwa 200 g/m² ist von Papier die Rede, bei einem Gewicht von 200 bis etwa 500 g/m² von Karton. Welches Material für die jeweilige Arbeit am besten geeignet ist, werden Sie mit der Zeit selbst herausfinden. Für den Anfang jedoch ist weißes Zeichenpapier bzw. Zeichenkarton das ideale Material. In jedem Fall sollten Sie sich zunächst etwas genauer mit dem Werkstoff Papier vertraut machen. Das mag Ihnen vielleicht überflüssig erscheinen, da wir doch täglich damit umgehen. Doch haben Sie einmal darüber nachgedacht, wie unachtsam und gedankenlos das geschieht?

Wir müssen ja nicht gleich unsere Briefe so kunstvoll falten, wie es viele Japaner mit ihrer Privatpost noch heute tun, oder etwa aus dem Zufalten einer Papiertüte eine Zeremonie machen, wie es noch vor Jahren bei uns mancher Kaufmann tat – doch eine gewisse Hochachtung vor diesem Material sollten Sie sich aneignen, wenn Sie an der plastischen Papiergestaltung Freude haben wollen. Deshalb sollten Sie den Werkstoff Papier im wahrsten Sinne des Wortes „begreifen" lernen, spielerisch die Möglichkeiten ergründen, die dieses Material hergibt. Schließlich steht es zu solchen Übungszwecken in Form ausgedienter Verpackungsmittel und anderen „Abfalls" in jeder Qualität und Stärke ausreichend und dazu kostenlos zur Verfügung. Neben Papier brauchen Sie an Material nur noch einen guten Kleber. Für die meisten Arbeiten genügt ein guter, farblos auftrocknender Universalkleber. Diese Kleber, die es auch in lösungsmittelfreier Form gibt, haben den Vorteil, daß man kleine Unsauberkeiten korrigieren, das heißt, hervorquellenden Kleber abrubbeln kann. In schwierigen Fällen, wo beispielsweise beim Kante-an-Kante-Kleben große Spannungen entstehen, empfiehlt sich die Verwendung eines Kontaktklebers.

Die wichtigsten Werkzeuge, auf der nebenstehenden Abbildung zu sehen, sind in fast jedem Haushalt vorhanden. Mit der Zeit wird sich so manches Gerät, das sich bei einer kniffligen Arbeit als hilfreich erwiesen hat, dazugesellen. So können zum Beispiel runde Gegenstände aus der Küche als Schablonen zum Ritzen dienen.

Laufrichtung feststellen

Bevor man mit der Arbeit beginnt, muß unbedingt die sogenannte „Laufrichtung" des Papiers festgestellt werden. Das ist die Richtung, in der das Papier durch die Papiermaschine läuft. Durch technische Vorgänge ergibt es sich, daß sich das Papier in der Laufrichtung leichter biegt als gegen die Laufrichtung. Deshalb ist es wichtig, die auszuschneidenden Teile im richtigen Winkel auf das Papier aufzuzeichnen. Nämlich so, daß die Hauptbiegerichtung im rechten Winkel zur Laufrichtung liegt. Die Abbildungen auf dieser Seite zeigen drei Möglichkeiten, die Laufrichtung zu ermitteln:

1. Man probiert einfach über Kreuz, in welcher Richtung sich der Karton leichter biegen läßt (Bild oben).

2. Man versucht, vom Karton einen Streifen abzureißen; in Laufrichtung bleibt die Reißkante fast gerade, in Querrichtung wird sie unregelmäßig (Bild unten links).

3. Man hält zwei lange, schmale Kartonstreifen, die im rechten Winkel zueinander von einem Bogen abgeschnitten wurden, an einem Ende zwischen Daumen und Zeigefinger fest. Bei dem Streifen, der sich nicht so stark nach unten biegt, liegt die Laufrichtung parallel zu den Längsseiten des Streifens (Bild unten rechts).

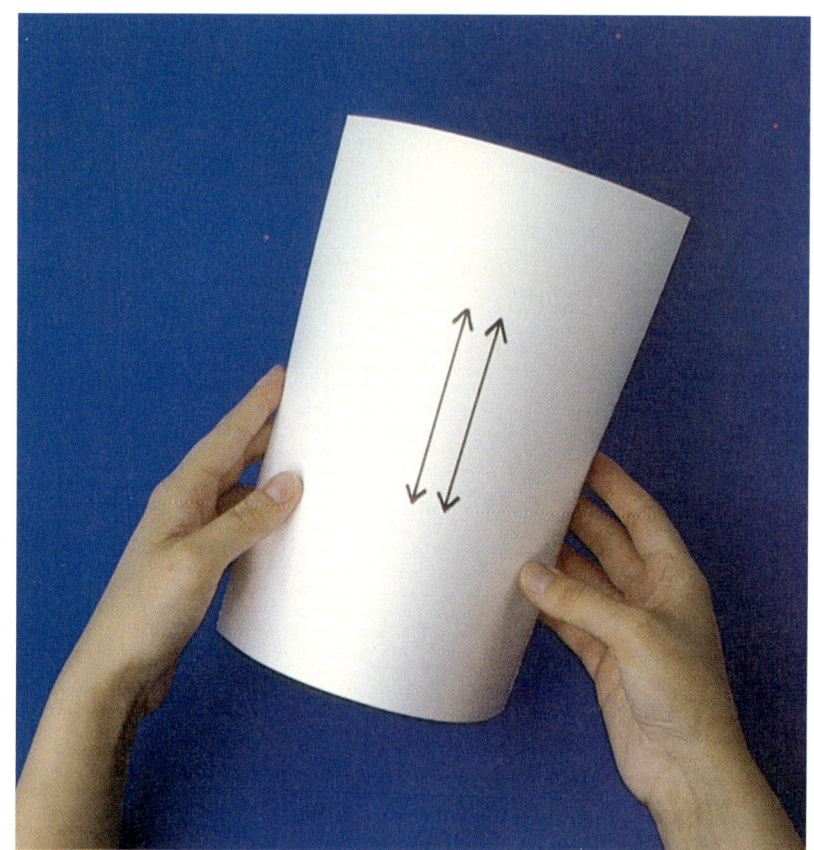

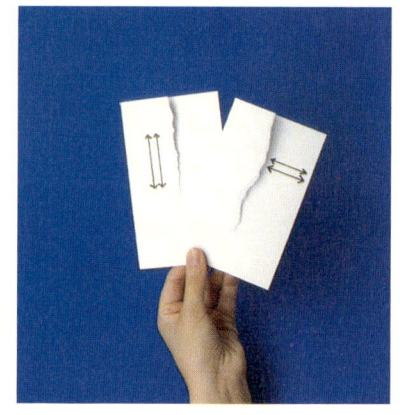

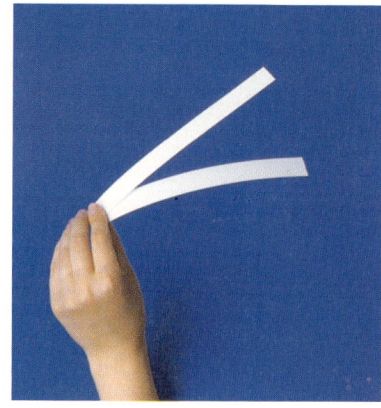

Aufzeichnen

Wenn die Laufrichtung feststeht, zeichnen Sie die Formen, die ausgeschnitten oder geritzt werden sollen, der Biegerichtung entsprechend (siehe oben) auf den Zeichenkarton – am besten auf die Rückseite. Um feinste Linien zu erzielen, die dennoch eine klare Vorgabe zum Ausschneiden und Ritzen sind, wählen Sie einen (gut gespitzten) Bleistift mittlerer Härte.

Ritzen

Die Linien, die später gefalzt werden sollen, müssen vorher angeritzt werden. Dazu eignet sich ebenfalls ein scharfes oder ganz leicht eingearbeitetes Messer. Es darf das Papier weder nur einkerben noch reißen. Karton oder Papier, und sei es noch so dünn, müssen etwa bis zur Hälfte, höchstens bis zu zwei Dritteln eingeschnitten werden. Das erfordert viel Fingerspitzengefühl. Da aber gerade das Ritzen ganz wesentlich das Ergebnis der Arbeit beeinflußt, sollte es zunächst an den unterschiedlichsten Papierstärken geübt werden. Später hat man es dann einfach „im Griff". Das gilt sowohl für das Ritzen am Lineal und an der Schablone als auch für die freie Messerführung.
Dazu noch einige Tips:
• Das Messer so lang wie möglich fassen und im spitzen Winkel zum Material „ziehen" (wie im Bild oben).
• Kommt man von der vorgezeichneten Linie etwas ab, nicht abrupt, sondern „langfristig" ausgleichen.
• Schneidet man beim Ritzen an einer umfangreichen Arbeit das Papier oder den Karton doch einmal durch, so kann man sich durch Hinterkleben dieser Stelle mit Klebefilm behelfen. Besser wäre allerdings, noch einmal von vorn anzufangen und das „Verpfuschte" als Übungsarbeit zu betrachten. Schließlich lebt die Papierplastik ja von ihrer hohen ästhetischen Wirkung, und so ist ein gutes Maß Selbstkritik unerläßlich.

Ausschneiden

Für diese Arbeit sollte vorzugsweise ein scharfes Messer mit kurzer Klinge verwendet werden. Ein sogenannter „Cutter" mit nachschiebbarer Klinge ist dazu besonders gut geeignet. Als Unterlage ist eine Schneidmatte zu empfehlen. Aber auch Scheren der verschiedensten Art sind zum Ausschneiden geeignet – in manchen Fällen sogar besser als ein Messer. Ein Trost vorab, wenn diese Arbeit nicht gleich auf Anhieb sauber gelingt: Es ist gar nicht so einfach, eine Form "liniengetreu" auszuschneiden. Es will eben alles geübt sein!

Wichtig: Beim Ausschneiden mit dem Messer wie auch beim Ritzen muß sich die Hand, die das Papier festhält, stets hinter dem Messer befinden! Anders kann man sich sehr leicht verletzen.

Falzen

Eine gut angeritzte, gerade Linie zu falzen, ist kinderleicht (Bild oben links). Eine abgewinkelte Linie mit den entsprechenden Eckfalzen in die richtige Form zu bringen, ist genauso leicht, wenn man den richtigen Griff anwendet. Das

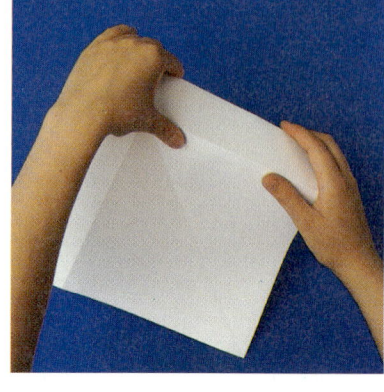

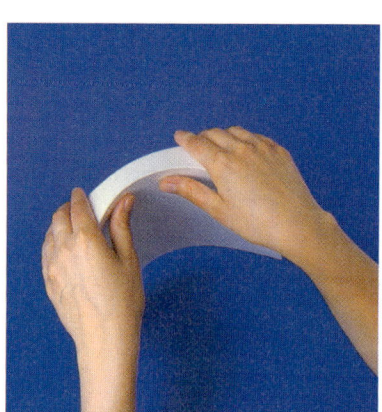

gleiche gilt für runde und geschwungene Linien, doch bedarf es hier etwas mehr Übung. Hier im besonderen ist wichtig: Nicht mit verkrampfter Hand den Falz Stück für Stück „knicken", sondern mit leichter Hand „formen". Wenn sie richtig geritzt, d. h. angeschnitten sind, müssen die Falze (Bild Mitte links) und Gegenfalze (Mitte) bei richtiger Handhabung, also unter Einsatz aller Finger, durch leichtes Biegen und bei gleichzeitigem Gegendruck mit den Daumen, regelrecht in die gewünschte Form „springen" (Mitte rechts und unten).

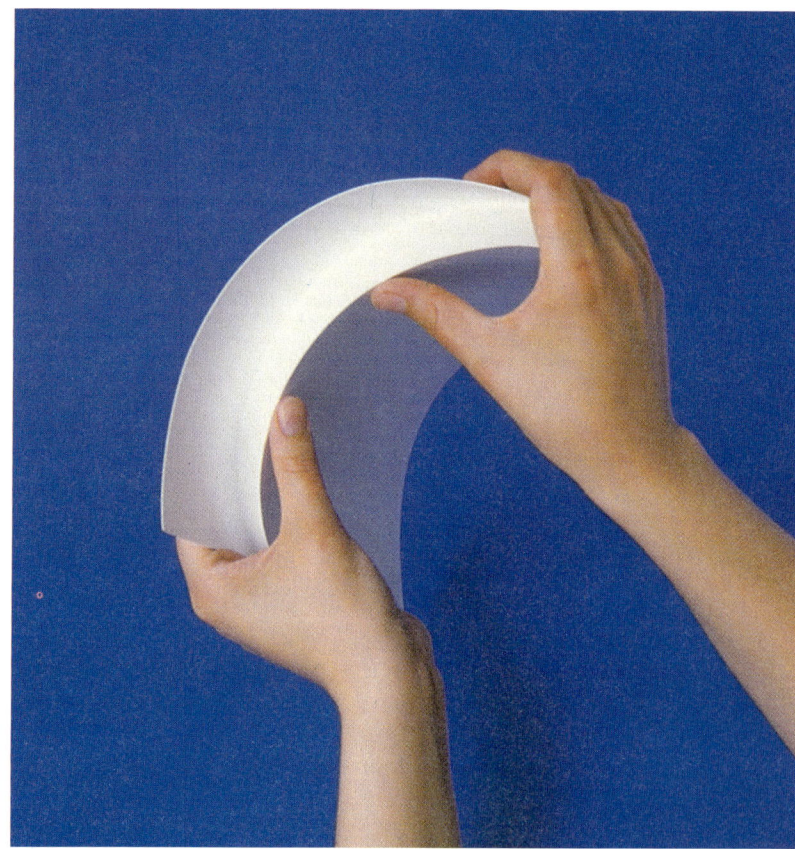

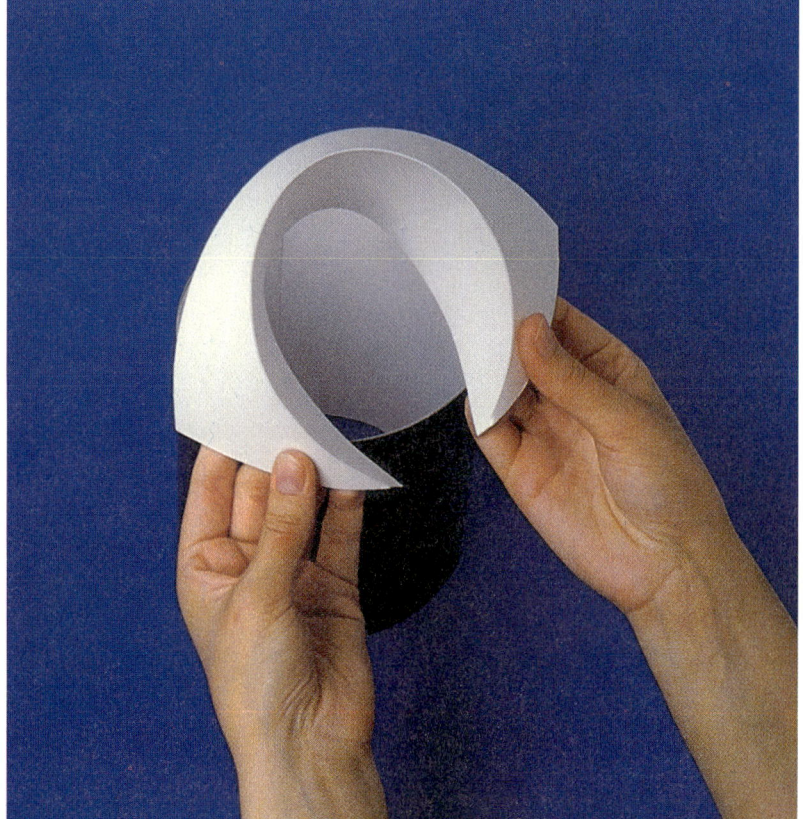

Eine gute Übungshilfe für kreisrunde Falze ist dieser Trick mit dem Zylinder:

• Die Rückseite des angeritzten Teils auf ein zylinderförmiges Behältnis (z.B. eine Konservendose), und zwar auf dessen obere Kante, legen (oben links).

• Mit beiden Daumen den innenliegenden Teil des Kreisbogens in den Zylinder drücken (oben Mitte).

• Gleichzeitig den äußeren Teil mit den Fingern unter Druck von der Mitte nach beiden Seiten über die Zylinderkante formen (oben rechts).

• Außerhalb des Zylinders weiter in Form biegen (unten). Wenn nötig, kann man sich das Formen erleichtern, indem man dem Material eine gewisse Vorspannung verleiht (siehe Seite 14).

Vorspannung

Festerem Karton oder Material, das stark gebogen werden soll, kann man eine gewisse Vorspannung verleihen. Dazu zieht man es über eine Kante. Das kann bei größeren Kartonbögen zum Beispiel eine (ebenmäßige) Tischkante sein.

Bei kleineren Formaten kann man das Material aber auch auf den Tisch legen, dann mit einer Hand ein Lineal hochkant daraufsetzen und mit der anderen Hand den Bogen mehr oder weniger steil nach oben wegziehen (Bild links). Noch kleinere Kartonteile zieht man einfach über einen Scherenrücken oder ähnliches (Bilder rechts).

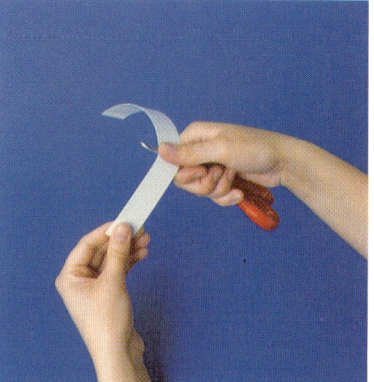

Kleben

Viele Teile, die nicht überlappend verbunden werden
können, werden lediglich
Kante an Kante zusammengeklebt. In schwierigen Fällen
verwenden Sie vorzugsweise
einen Kontaktkleber, weil er
am besten der Spannung stand-

hält. Der Kleber wird sehr
sparsam genau auf die Kanten
aufgetragen. Nach dem
„Ablüften" wird das Teil in die
vorgegebene Form gebracht,
so daß die mit Kleber versehe-
nen Kanten aneinanderstoßen;
sie bleiben sofort haften. Mit
dem Finger fährt man nun unter
leichtem Druck über die Klebe-
kante. Vorsicht: Papierkanten
sind sehr scharf! An unzu-

gänglichen Klebestellen kann
man sich verschiedener Hilfen
zum Andrücken bedienen. Bei
spitzen Kegeln beispielsweise
hilft ein Pinselstiel (Bild unten).

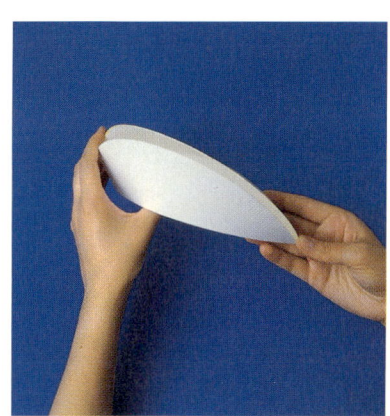
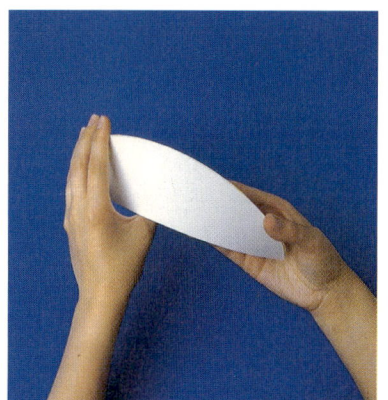

Eine einfache Übung für den Einstieg sind die auf diesen Seiten abgebildeten Papierklapparbeiten. Zwar sind es keine Papierplastiken in unserem Sinne, doch können Sie sich bei ihrer Herstellung sehr gut mit dem Material Papier vertraut machen und gleichzeitig einige Arbeitsschritte üben, die Sie auch bei den plastischen Arbeiten beherrschen müssen, beispielsweise das exakte Ausschneiden. Und nicht zuletzt sind sie eine gute Übung für sauberes Arbeiten.

Die einfachen Schneide- und Klapparbeiten geben sehr hübsche Glückwunsch- oder Einladungskarten ab, auch Tischkarten oder Geschenkbanderolen lassen sich auf diese Weise herstellen. Vervollständigt man die äußere Kontur der Motive und schneidet sie aus, erhält man dekorative Anhänger für Geschenke, Blumensträuße oder für den Weihnachtsbaum.

Die Grund- falzungen

Die plastische Wirkung ent- steht einerseits durch die rund- gebogenen Grundformen (Zylinder, Kegel), zum anderen durch verschiedene Falzungen. Oben von links nach rechts: Einfacher gerader Falz, ge- rader Falz mit Gegenfalz, abgewinkelter Falz mit Gegenfalz; letztere erfordern die entsprechenden Eckfalze von vorn und hinten. Mitte von links nach rechts: Kreisrunder Falz mit Gegen- falz, einfacher geschwungener Falz, geschwungener Falz mit Gegenfalz. Bild unten: Verschiedene Übungsvarianten für gerade und runde Falzungen.

Eine solche Komposition verschiedener Falzungen kann zu einem dekorativen Raumschmuck werden. Bei richtigem Lichteinfall ergibt sich durch die von hell- bis dunkelgrau verlaufenden Schatten eine verblüffende plastische Wirkung.

In den nachfolgenden Falz- und Schnittvorlagen werden die Falz- bzw. Schnittlinien zeichnerisch so dargestellt:

———————————————— Schnittlinie

— — — — — Falzung nach hinten (d. h. Ritzen auf der Vorderseite).

— . — . — . — Falzung nach vorn (d. h. Ritzen auf der Rückseite).

— . — . — . — Begrenzung von Klebeflächen

Flache Kegel

Der Kegel ist, neben dem Zylinder, die wichtigste Grundform bei der Papierplastik. Er wird aus der vorgezeichneten und ausgeschnittenen Fläche rundgebogen und an den Schnittkanten überlappend zusammengeklebt. In seiner flachsten Form ist er die ideale Ausgangsbasis für Blüten aller Art, die – durch Kombination großer und kleiner Flachkegel, mit jeweils ein oder mehreren Falzen – sogar mehrfach gefüllt sein können.

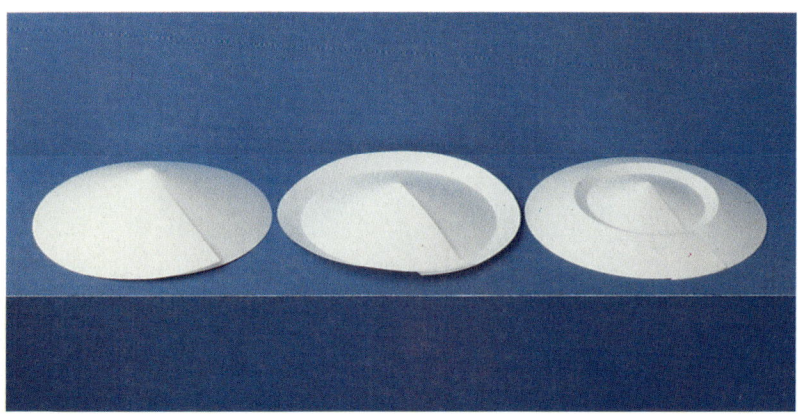

Hier sind ein einfacher flacher Kegel, ein Kegel mit einem Falz sowie ein Kegel mit Falz und Gegenfalz abgebildet: die Ausgangsformen für alle rechts gezeigten Blüten.

Für die Blüten fertigt man sich aus festem Karton Schablonen an. Zum Aufzeichnen genügt es, nur jeweils ein Segment der endgültigen Blütenform als Schablone auszuschneiden. Dieses wird im Mittelpunkt mit einer Stecknadel auf das Papier gesteckt, so daß man es zum Aufzeichnen Stück für Stück im Kreis weiterrücken kann. Die gestrichelten Linien bedeuten, daß nach hinten gefalzt (und auf der Vorderseite geritzt) wird, die Strich-Punkt-Punkt-Strich-Linien zeigen die Falzung nach vorn an. Die Klebeflächen werden durch eine Strich-Punkt-Strich-Linie begrenzt (siehe auch Seite 19).

Blütenzauber in Weiß. Dem Einfallsreichtum sind keine Grenzen gesetzt, auch nicht, was die Größe betrifft: Mini-Blüten eignen sich für Tisch- oder Glückwunschkarten, Riesenblüten sind eine attraktive Dekoration beispielsweise für ein Gartenfest. Hier können Sie auch einmal mit farbigem Papier experimentieren. Während bei den meisten anderen Figuren durch Farbe viel von der plastischen Wirkung verlorengeht, können bei den Blüten damit interessante Effekte erzielt werden.

Kegelformen

Von flach bis ganz spitz, als Stumpf oder als Segment – Kegel sind in allen Varianten und Abwandlungen die wichtigsten Ausgangsformen bei den meisten Arbeiten. Alle entstehen aus einem kreisförmig ausgeschnittenen Stück glatten Papiers, das – bis zum Mittelpunkt aufgeschnitten – dann aus der Fläche rundgebogen und geklebt wird.

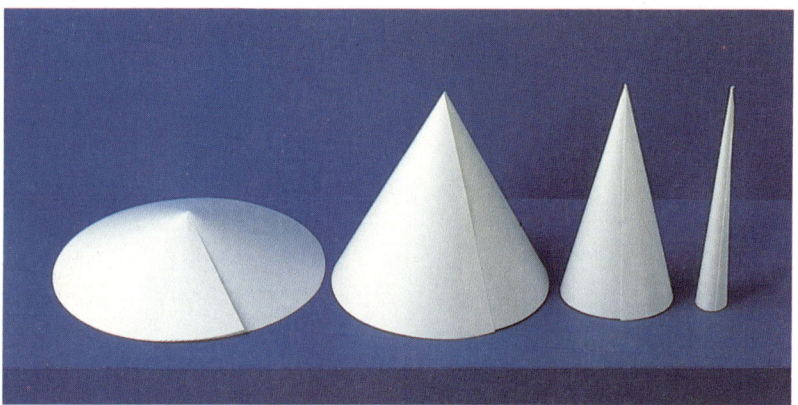

Die Ausgangsbasis ist bei allen gleich: ein rund ausgeschnittenes Stück Papier. Je nachdem, wie groß das aus dieser „Scheibe" ausgeschnittene Segment ist, wird der Kegel dann entweder breit und flach oder hoch und spitz.

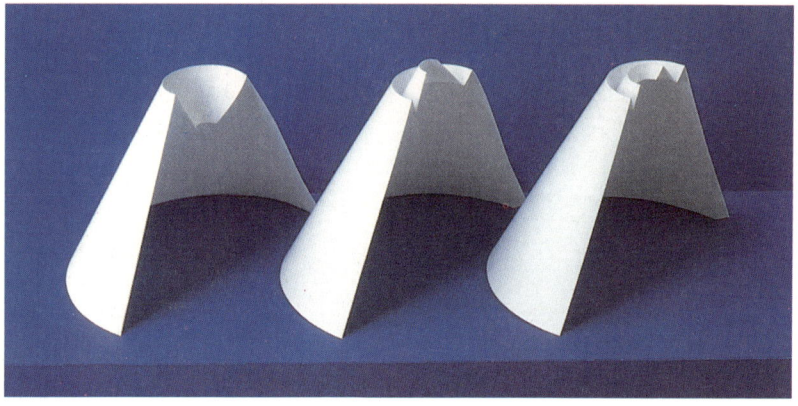

Ein stumpfer Kegel entsteht, wenn aus der Mitte des rund ausgeschnittenen Papiers ein kleines rundes Stück ausgeschnitten wird; so wird dem Kegel die Spitze genommen. Durch einfaches Falzen oder einen Falz mit Gegenfalz kann daraus ein Körper mit der entsprechenden Halsöffnung werden oder, wie im Bild, ein offener Kegelmantel.

Diese schlichten, aber schon sehr wirkungsvollen Figuren sind ausschließlich aus verschiedenen Kegelformen und -ausschnitten zusammengesetzt.

Eine weihnachtliche Tischdekoration, die lediglich aus einigen spitzen Kegeln und ganz wenigen „Zutaten" besteht. Ihre ästhetische Wirkung beruht nicht zuletzt auf der sauberen Ausführung dieser einfachen Arbeit.

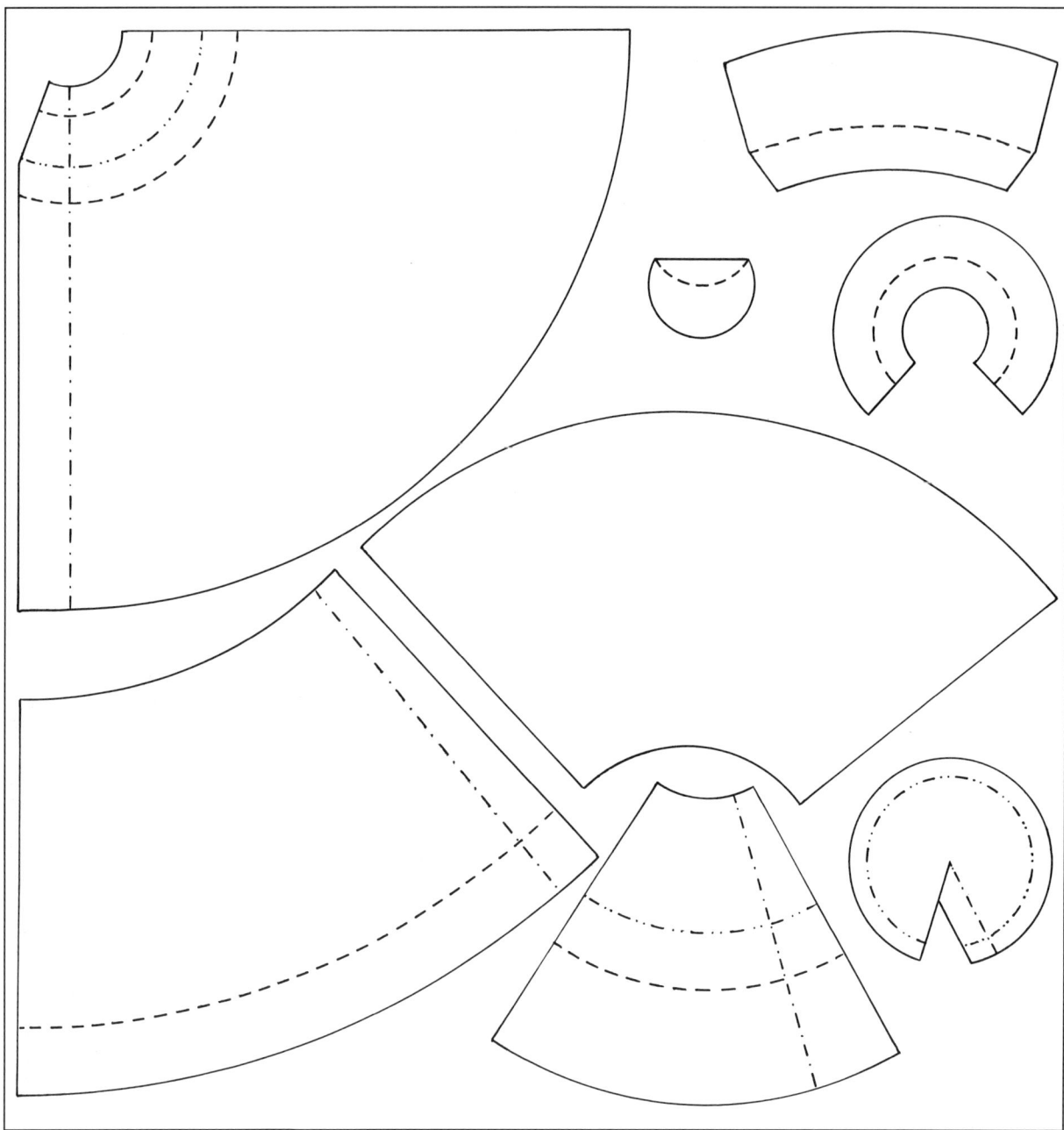

Immer wieder Kegelformen mit ihren kreisrunden Falzungen. Weil es dabei ganz besonders auf exaktes Ritzen ankommt, sollte man sich dazu eines Hilfsmittels, etwa eines Schneidzirkels oder ähnlichem, bedienen. Sinnvoll wäre auch, sich einen Satz Kreisschablonen aus einem geeigneten Klarsichtmaterial anzufertigen. Das Zusammenkleben der Zuschnitte zur Kegelform geht leichter, wenn man sie vorher rundet, d. h., wenn man ihnen eine gewisse Vorspannung verleiht, wie auf Seite 14 beschrieben; in diesem Fall muß man das Papier der Rundung folgend über die Kante ziehen. Vor dem Klebstoffauftrag arretiert man das in seine Form gebrachte Teil mit einer Büroklammer.

Auch die Sternsinger bestehen, mit Ausnahme weniger Details, von Kopf bis Fuß aus Kegelformen, wie auch auf der nebenstehenden Schnitt- und Falzvorlage deutlich wird. Der (röhrenförmige) Stab für den Stern ist selbstverständlich auch aus Papier. Dabei kommt es ganz besonders auf die richtige Laufrichtung des Papiers an, damit es sich gut zusammenrollen läßt. Man kann das Papier aber auch dicht an dicht ritzen und so zu einem vieleckigen Stab zusammenbiegen.

Phantastisch geht es auf der nächsten Seite zu: Für die Ausstattung von Rittern, Burgfräuleins, Minnesängern und anderen Phantasie-Figuren gibt es keine festen Vorschriften. Anders ist das schon bei einer „realen" Märchenfigur: „Hans im Glück" (Seite 27) mit seiner Gans. Diese Figuren setzen allerdings einiges an Übung und Routine voraus!

Je nach Größe der Figur kann das Gesicht entweder weggelassen, nur angedeutet oder auch, dem Charakter der Figur entsprechend, detailliert ausgearbeitet weden. Die vielfältigen Möglichkeiten, das mit einfachen Mitteln zu erreichen, soll diese Tafel demonstrieren. Auch hier ist wieder Ihr Einfallsreichtum gefragt.

Wäre es nicht eine faszinierende Aufgabe, sich einmal nur auf Gesichter zu konzentrieren, die vielen unterschiedlichen Ausdrucksmöglichkeiten herauzuarbeiten? Sie werden staunen, wie durch das Formen schlichten, weißen Papiers die unterschiedlichsten Stimmungen und Gemütsverfassungen zum Ausdruck gebracht werden können.

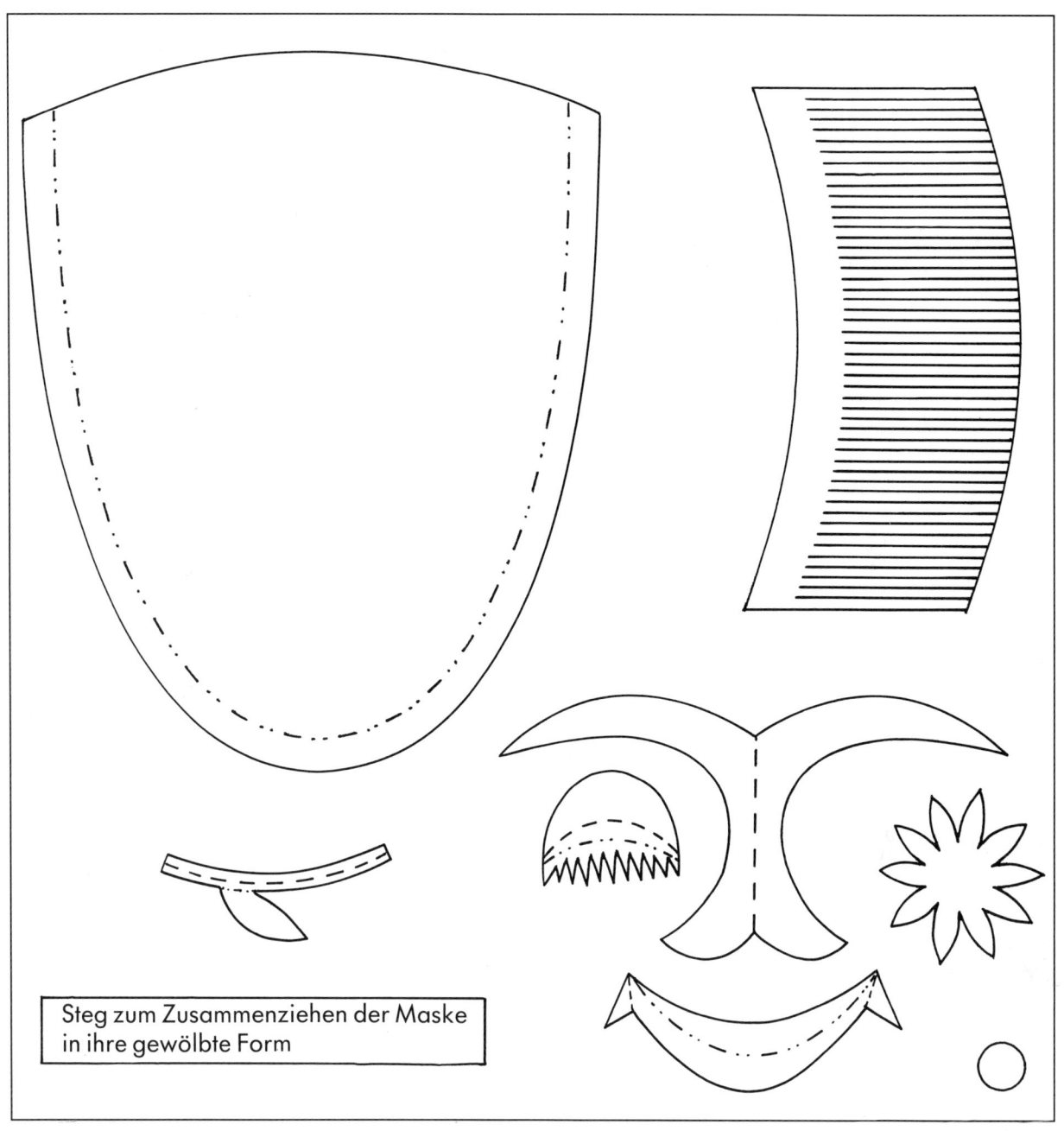

Steg zum Zusammenziehen der Maske
in ihre gewölbte Form

So ausdrucksvoll diese Maske ist, so unkompliziert ist ihre Anfertigung. Denn ihre Wirkung beruht auf nur wenigen Details. Bevor Sie letztere ankleben, sollten Sie sie auf der noch flachen Grundform probeweise anordnen. Denn schon kleinste Verschiebungen von Augen oder Mund können dem Gesicht einen völlig anderen Ausruck geben.

Haben Sie den gewünschten Gesichtsausdruck beim Auslegen getroffen, setzen Sie sich kleine Markierungen und kleben die Teile dann erst fest. Übrigens: Kein Gesicht ist genau symmetrisch!

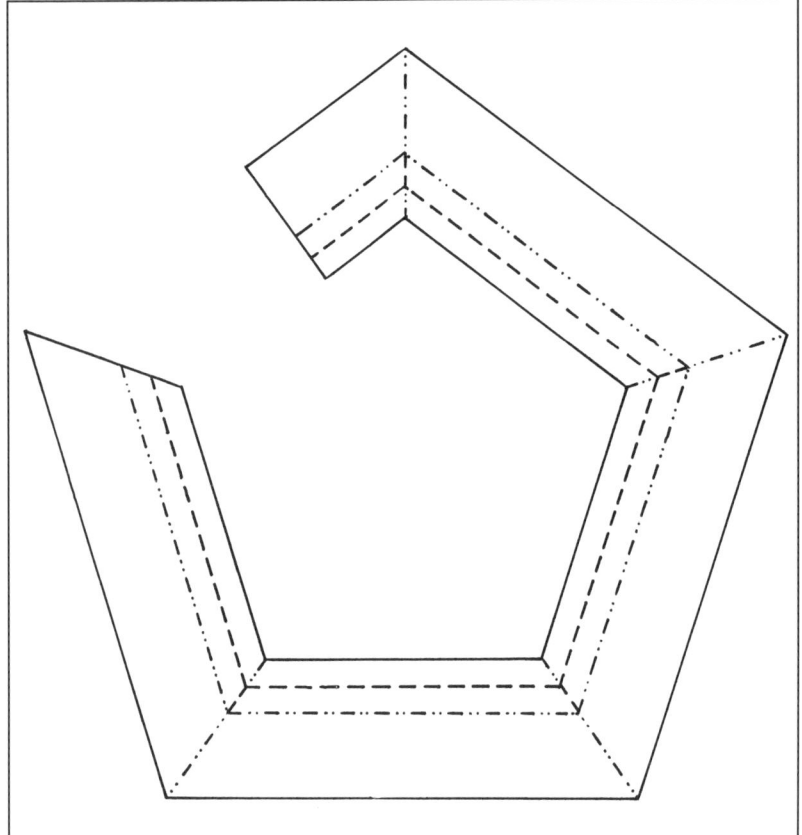

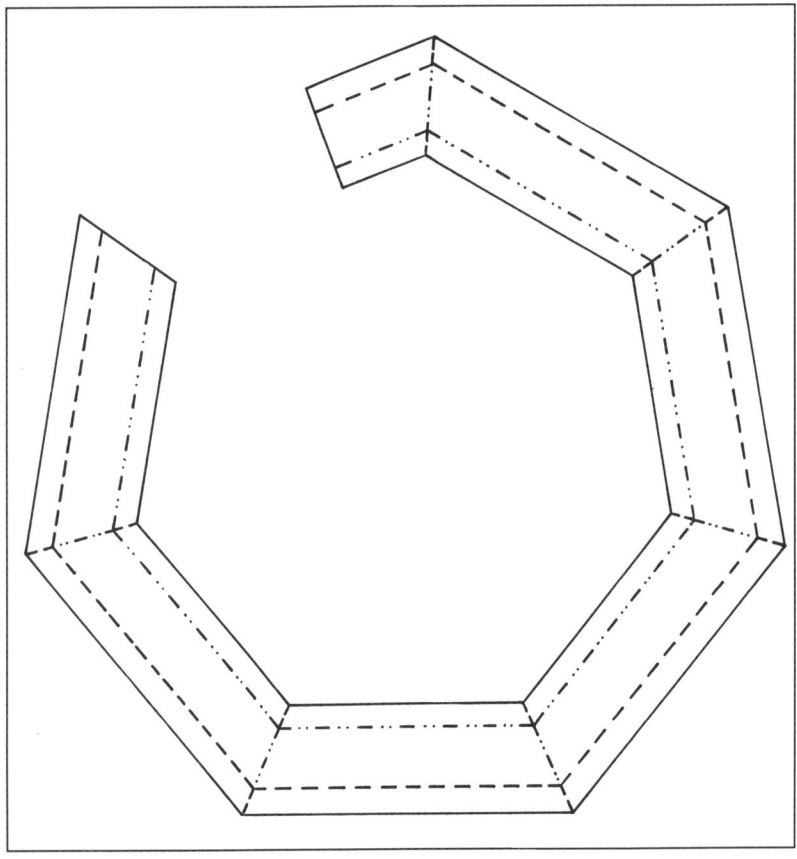

Die Papierplastik bietet viele Möglichkeiten – beispielsweise auch die, aus demselben Material wie die eigentliche Arbeit gleich einen Rahmen dafür mit anzufertigen. Nimmt man für den Rahmen einen Glanzkarton, kann die Wirkung noch erhöht werden.

Nach den hier gezeigten Vorlagen können Sie einen viereckigen (oben) und einen sechseckigen Rahmen (unten) anfertigen. Die Rahmen werden so konstruiert, daß jeweils eine Seite zusätzlich mit aufgezeichnet, von dieser dann aber nur ein kurzes Stück als Klebelasche verwendet wird. Für einen kreisrunden Rahmen greift man wieder auf die Kegelform zurück. Je mehr Falze und Gegenfalze so ein Rahmenprofil enthält, desto stabiler wird der Rahmen.

Schmetterlinge sind ein besonders lohnendes Objekt der Papierplastik. Man glaubt gar nicht, wie vielfältig ihre Form variiert werden kann. Außerdem bietet sich die Verwendung farbiger Papiere bei diesem Thema geradzu von selbst an. Ein weites Feld zum Experimentieren! Zum Gelingen tragen im besonderen die sorgfältig ausgeführten Falzungen bei, die ebenmäßig und aufeinander abgestimmt sein müssen. Da lohnt sich das Anfertigen von Ritzschablonen. Zuerst erarbeitet man sich auf Papier einen Flügel, mit den äußeren Konturen und den Falzlinien, was sicherlich ein wenig Geduld erfordert, weil das nicht gleich im ersten Anlauf gelingt. Ist man mit dem Ergebnis zufrieden, wird

zunächst die äußere Form ausgeschnitten, der Flügel dann auch in den Falzlinien zerschnitten. So kann man sich alle Linien – Schnitt- und Falzlinien – auf stärkeren Karton übertragen und die entsprechenden Schablonen anfertigen. Damit die einzelnen Schablonen Stabilität erhalten, kann auf der der jeweiligen Kurve (Falzlinie) gegenüber-

liegenden Seite genügend Karton stehenbleiben. Je stabiler die Schablonen, um so mehr Schmetterlinge kann man damit anfertigen.

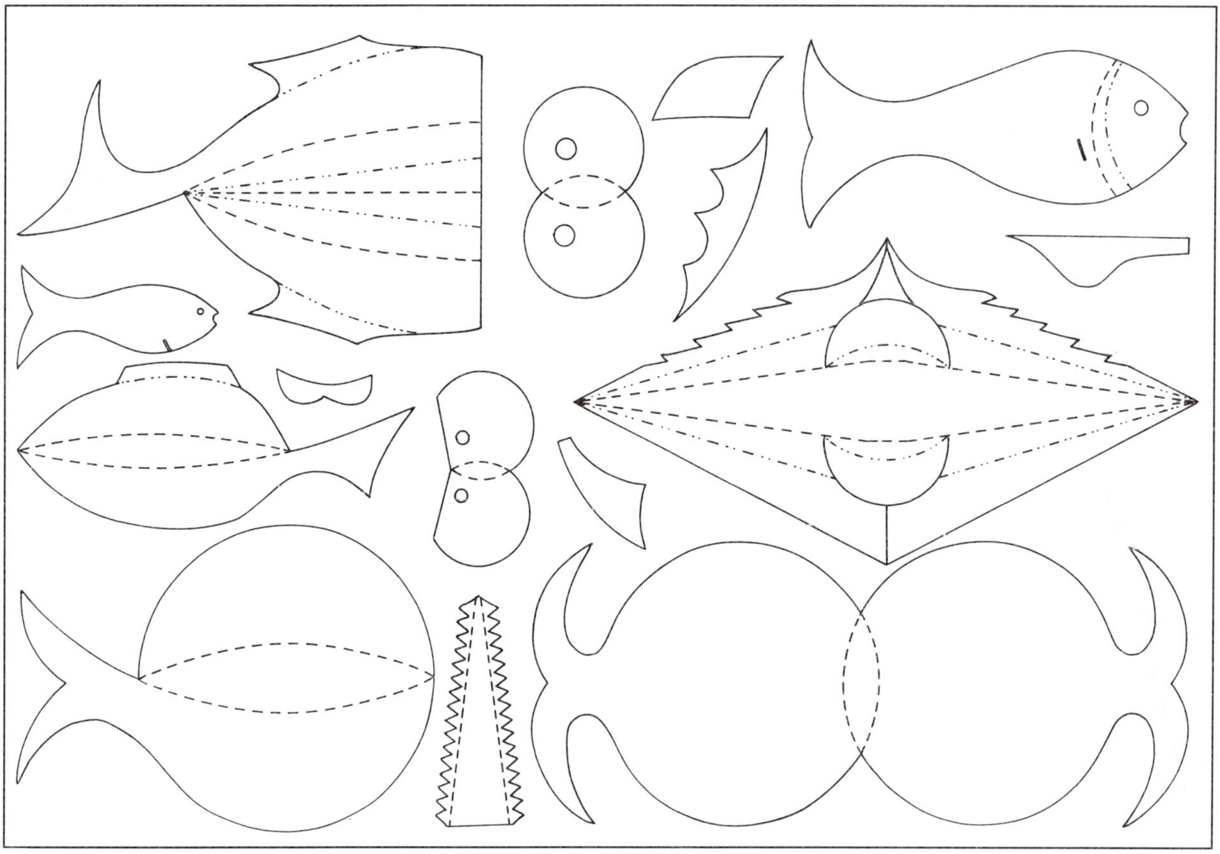

Auch Fische sind ein Thema, bei dem man sich so richtig auslassen und in plastischen Formen schwelgen kann. Denn Fische können platt oder rund, lang und schmal oder kurz und hoch sein. Oder denken Sie an die oft skurrilen Formen mancher Tiefseefische. Die Bilder auf diesen Seiten und die Vorlagenzeichnung oben zeigen Vorschläge einfachster und kompliziertester Zuschnitte für Fische aller Art, die beliebig verändert und kombiniert werden können. Bei dem auf der rechten Seite abgebildeten Sägefisch empfiehlt es sich, die „Säge" erst zu kleben und dann die einzelnen Zacken auszuschneiden.

Kleine Fische, große Fische –
Wasser ist in diesem speziellen
Fall jedoch nicht ihr Element.
Sie bewegen sich lieber in der
Luft; beispielsweise könnte
man ein hübsches Mobile aus
den verschiedenen Fischen
zusammenstellen.

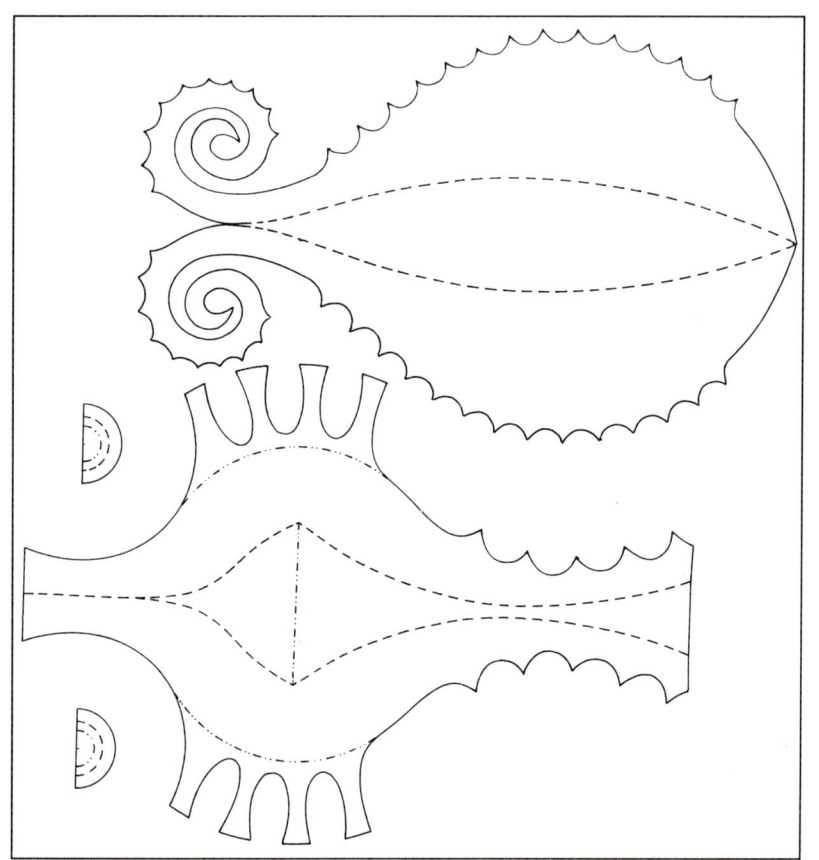

Aus nur zwei Zuschnitten und wenigen, aber sehr exakt anzubringenden Falzen entsteht ein possierliches Seepferdchen, das – zu zweit oder zu mehreren, vielleicht auch in verschiedenen Größen – ein wirkungsvolles Mobile ergibt. Die Bauchkante schneidet man zweckmäßigerweise erst nach dem Zusammenkleben aus. Man kann sie auch mit einem passenden Locheisen ausstanzen. Wem die Augen zu schwierig erscheinen, sollte sie weniger aufwendig, beispielsweise in Form von Punkten oder Kartonringen, gestalten.

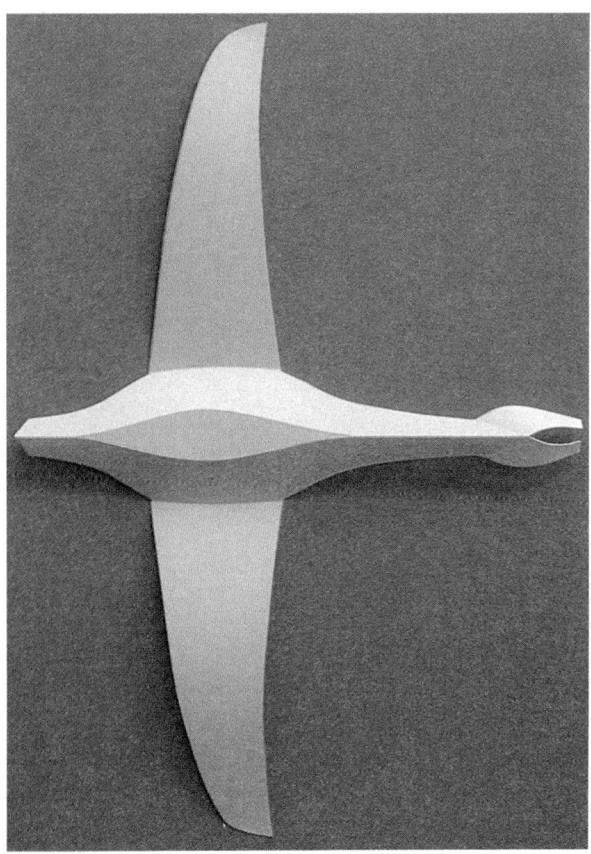

Noch ein Mobile, das aber durch die schlichten, klaren Formen fast schon elegant wirkt. Dabei entstehen die majestätisch dahinziehenden Schwäne aus einem ganz einfachen Zuschnitt mit nur wenigen Falzen – und sind dennoch eine echte Papierplastik. Ein sehr gutes Übungsobjekt für den Anfänger, der sicher nach nur wenigen Versuchen schnell zu seinem Erfolgserlebnis kommt.

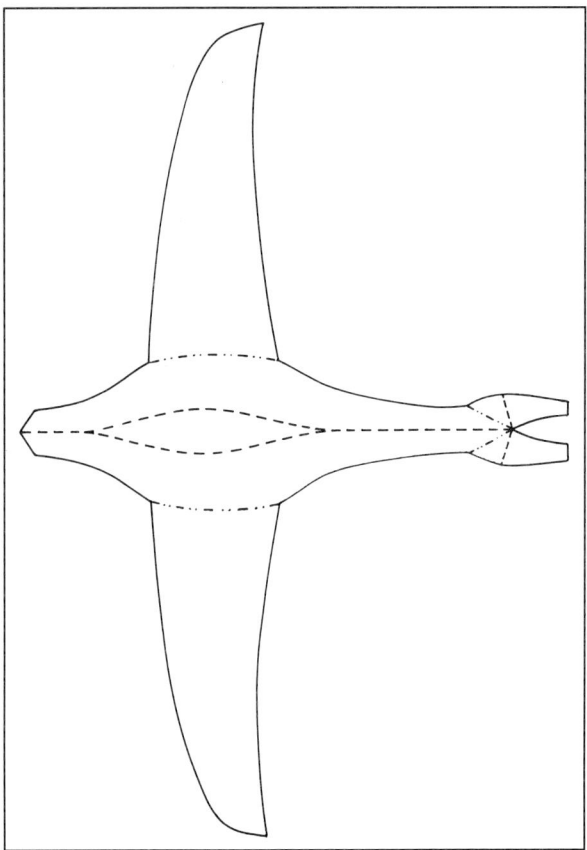

Die Körperlänge sollte etwa 15 cm betragen. Geklebt wird nur bei sparsamstem Klebstoffauftrag: zuerst die Schnabelspitze, dann vom Halsansatz bis zur Schwanzspitze. Die beiden Kopfhälften zieht man vorher leicht über einen Scherenrücken, um sie etwas plastischer erscheinen zu lassen.

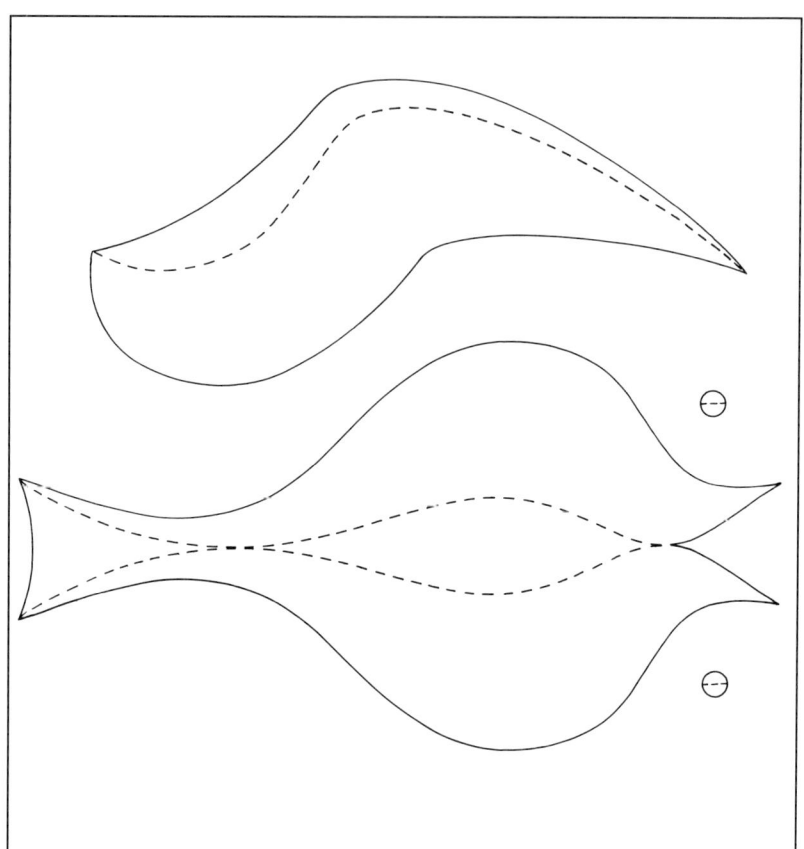

Eine ganze Vogelschar läßt sich nach diesen beiden Vorlagen arbeiten, ohne daß ein Vogel dem anderen gleichen muß. Das erreicht man durch vielerlei Veränderungen in den Körper-, Flügel- und Schwanzformen.

Wem bei diesem Vogel der Schnabel zu kompliziert erscheint, kann – besonders bei kleineren Exemplaren – auch eine stark vereinfachte Form wählen. Dazu wird lediglich ein Kerbschnitt im Kopf angebracht, in den dann ein zusammengefaltetes, spitz zugeschnittenes Kartonteil eingeklebt wird.

So sehen die fertigen Vögel aus, wenn sie genau nach den beiden nebenstehenden Vorlagen gearbeitet werden. Will man sie schwebend aufhängen, muß man für die Anbringung des Fadens genau den richtigen Punkt finden. Um den Schwerpunkt zu verlagern, kann man versuchen, die Flügel nach unten zu biegen, oder man belastet den Vogel mit kleinen Gewichten (wie Nägel o.ä.), die einfach in den Körper hineinlegt werden. Schließlich kann der Vogel aber auch in die richtige Schwebestellung gebracht werden, indem man ihn an drei Punkten aufhängt.

Wer will schon Eulen nach Athen tragen, die so weise ausschauen wie dieses Pärchen? Eine sehr einfache Form, aber – durch das Wechselspiel von Licht und Schatten – überaus wirkungsvoll.

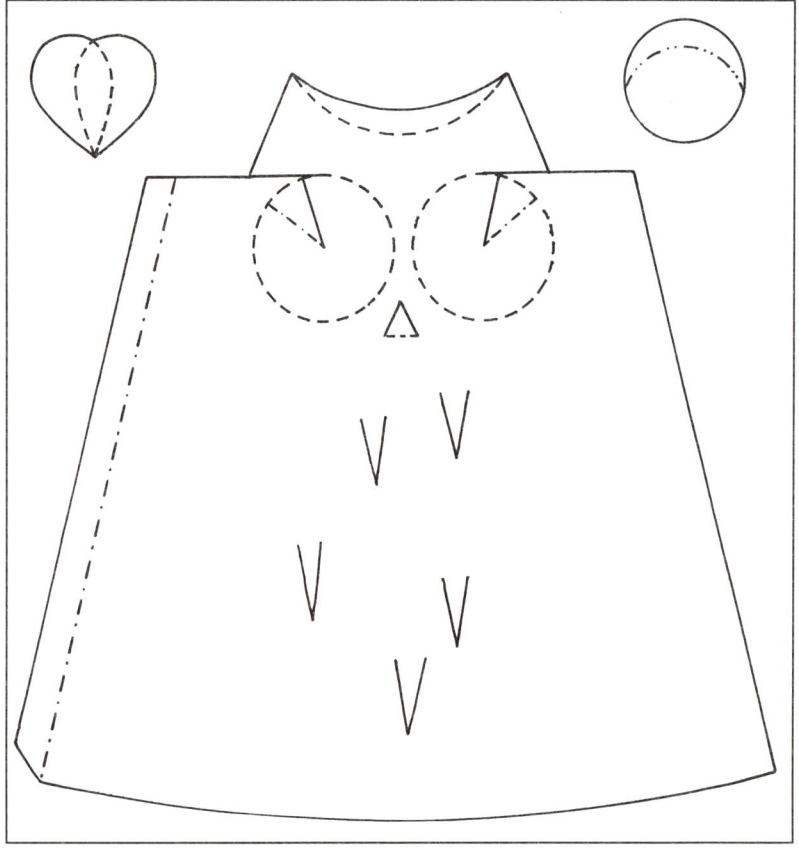

Bis auf die aufgesetzten Augen und den Schnabel besteht die Eule aus nur einem einzigen Zuschnitt. Spannung erhält die Figur lediglich durch die nach innen gezogenen Augenhöhlen und den Falz oben am Kopf.

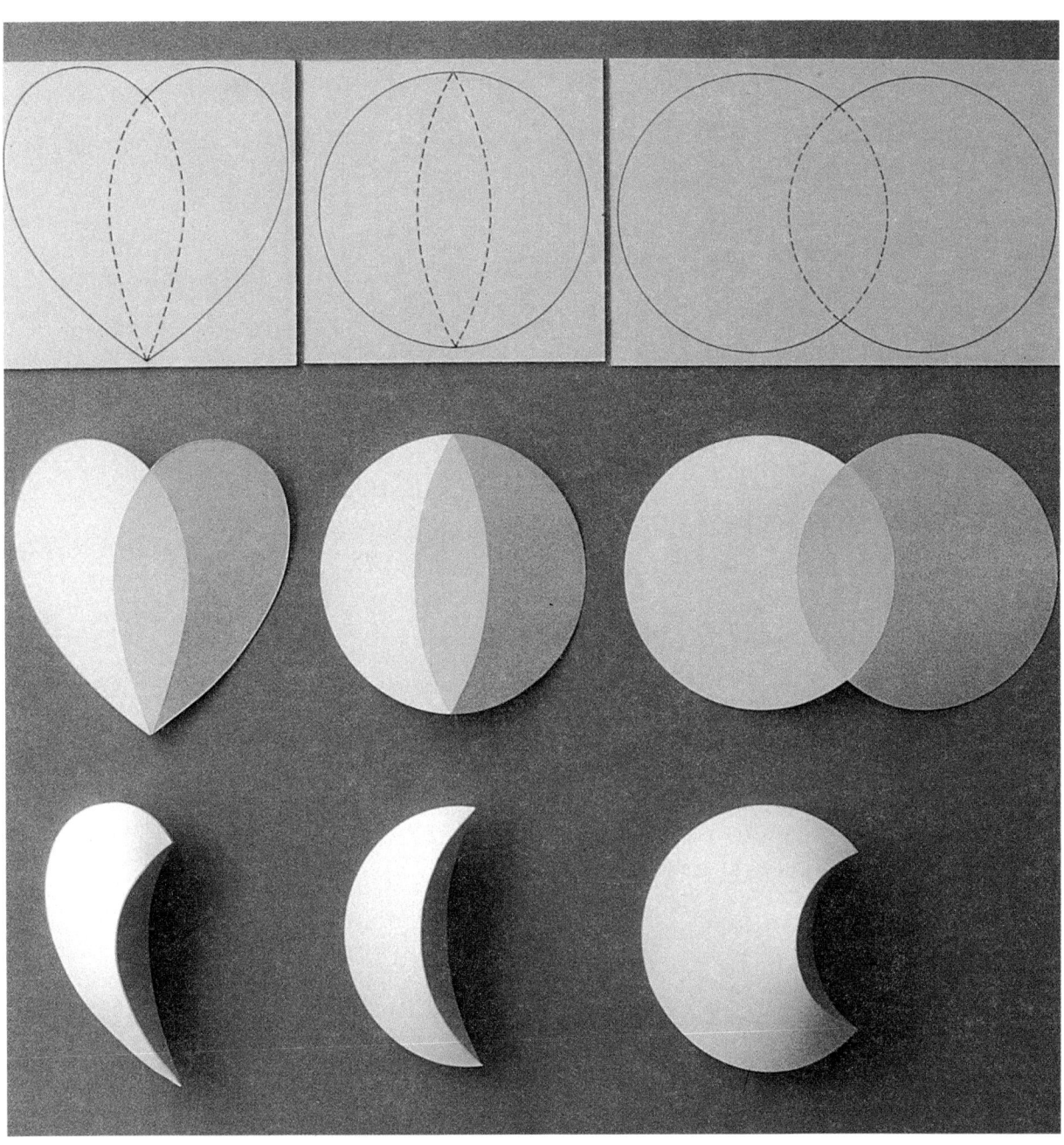

Diese drei Grundformen für Hohlkörper sind die auch in diesem Buch immer wiederkehrenden Ausgangsformen für die meisten Tierfiguren, vor allem für Fische und Vögel. So besteht der Papagei auf den folgenden beiden Seiten gleich aus einer ganzen Anzahl solcher Hohlkörper, bis hin zu den Füßen. Nichts anderes als so eine Grundform ist bei-

spielsweise auch der Körper des Seepferdchens auf den Seiten 38/39.

Die Hohlkörper entstehen aus sich überschneidenden Kreisen und Tropfenformen. Dabei können schon geringfügige Verschiebungen beim Aufzeichnen der beiden Teile zueinander wesentliche Veränderungen bewirken. Ein weites Feld zum Probieren!

Hier lohnt sich wieder die Anfertigung von Schablonen. Vor allem bei der Tropfenform sollte man sich verschiedene, sowohl vollere als auch schlankere, Schablonen zurechtschneiden. Zusammengeklebt werden die Hohlkörper nur an den äußersten Kanten der sich beim Falzen berührenden Flächen.

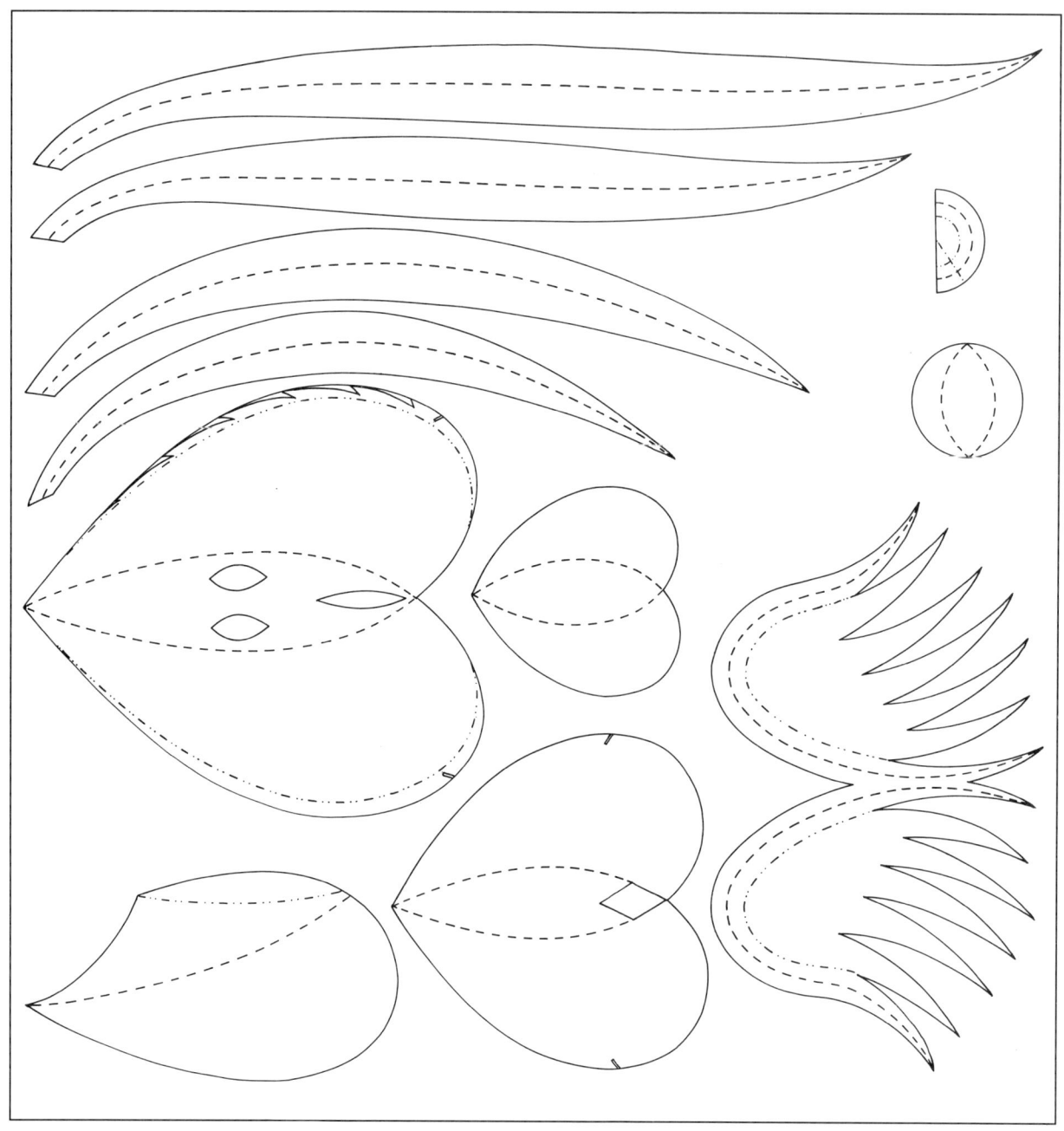

Auch ganz in Weiß ist dieser an sich grellbunte Vogel ein echter Blickfang. Vor allem, wenn er so groß wie möglich, wie es eben der Kartonbogen hergibt, gearbeitet wird. Je größer, desto leichter auch die Herstellung, besonders der Augen, der unteren Schnabelhälfte und der Füße. Den beiden Kopfhälften gibt man die plastische Form, indem man sie vor dem Falzen über eine Kante zieht.

Aus einer Kartonrolle, die genau in die Krümmung der Füße paßt, und zwei Kordelstücken entsteht eine Schaukel. Zum Schluß erst wird der Schwanz eingesetzt und so ausgerichtet, daß er das Gewicht des Papageis ausbalanciert, der Vogel auf seiner Schaukel also nicht überkippt.

Mit den Papierplastiken kann man ganze Szenen aufbauen. So können Figuren beispielsweise in einer „Landschaft" stehen, die aus verschiedenen Bäumen arrangiert wird. Beim Herstellen von Bäumen werden Sie sich vielleicht an die Faltschnitte erinnern, mit denen Sie in Ihrer Kindheit so manches Deckchen gebastelt haben. Die Abbildungen links zeigen einige Konturen für Nadel- und Laubbäume. Je nach Größe des Baumes schneidet man mehr oder weniger viele „Etagen" aus immer kleiner werdenden Papierquadraten aus. Nachdem aus der Mitte ein – je nach Plazierung auf dem Baumstamm entsprechend großes – Loch herausgeschnitten wurde, fädelt man die zurechtgeschnittenen „Etagen" auf den Stamm. Die Kronenspitze wird oben ohne Loch aufgeklebt.

Der Baumstamm ist natürlich, wie könnte es anders sein, ein Kegel. Diesmal ein ganz schlanker mit abgeschnittener Spitze. Eine Kartonscheibe, die unter den Stamm geklebt wird, verleiht dem Baum, der doch ganz schön kopflastig ist, sicheren Stand.

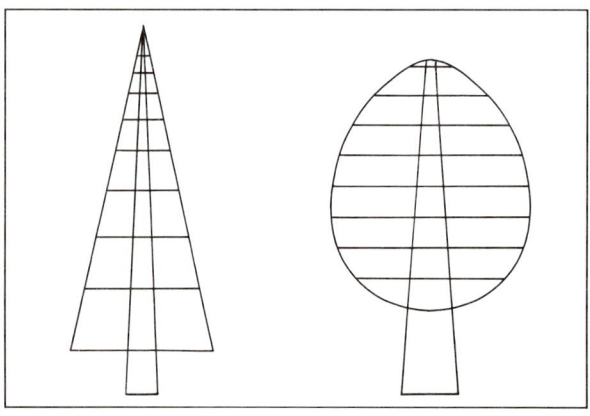

Hier ist noch einmal deutlich zu sehen, wie die verschiedenen „Etagen" eines Baumes — in diesem Fall einer Tanne — von unten nach oben immer kleiner werden. Der Baum wirkt lebendiger und „echter", wenn man die Zweige, also die „Etagen", nicht regelmäßig auf dem Stamm übereinander anordnet, sondern unregelmäßig versetzt.

Ein hübsches Geschenk, das sicher gut „ankommt". Das Blumenmädchen sollte nicht zu klein sein: Veranschlagt man etwa 25 cm für die Länge des Kleides, ergibt sich eine Gesamthöhe von etwa 30 cm. Die drei Hauptteile – Kopf, Kragen und Kleid – sind wieder einmal Kegel. Die besonders plastische Wirkung dieser Figur entsteht durch die geschwungenen Linien der „Frisur" (kleines Bild oben). Deshalb sind für dieses Teil ebenmäßiges Ritzen und Knitterfreiheit besonders wichtig. Am besten, Sie verwenden eine Schablone.

Augen und Mund sind, zugegebenermaßen, schon wegen ihrer geringen Größe etwas schwierig herzustellen. Vielleicht fertigen Sie zunächst einige größere Übungsstücke an, für die Sie sicher noch eine andere Verwendungsmöglichkeit finden.

Ist die Papierplastik gelungen, befestigt man im Kopf ein Stück Blumensteckmasse und besteckt es mit schönen Gräsern und Trockenblumen.

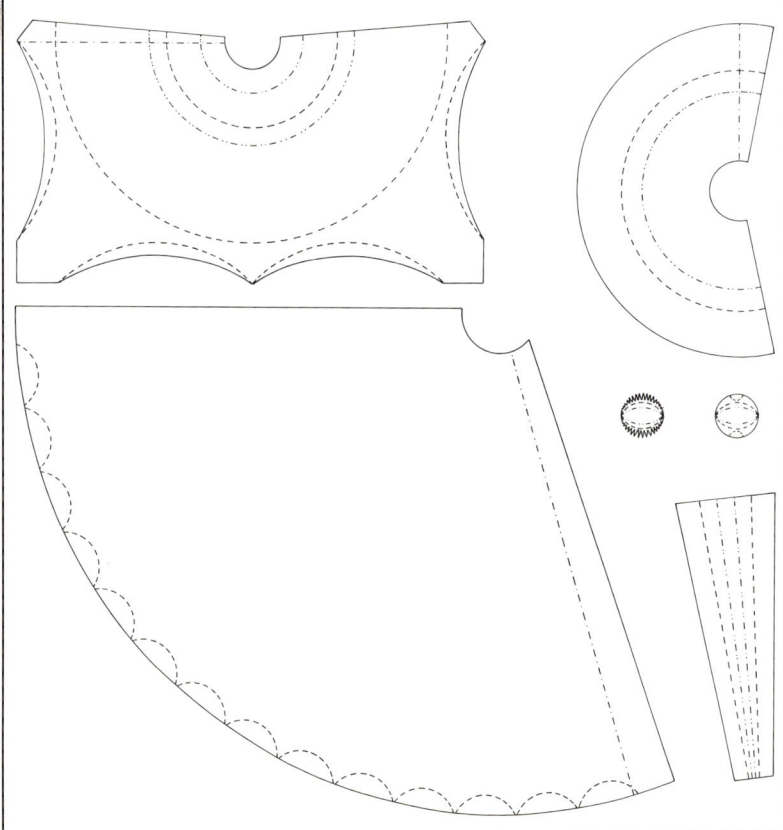

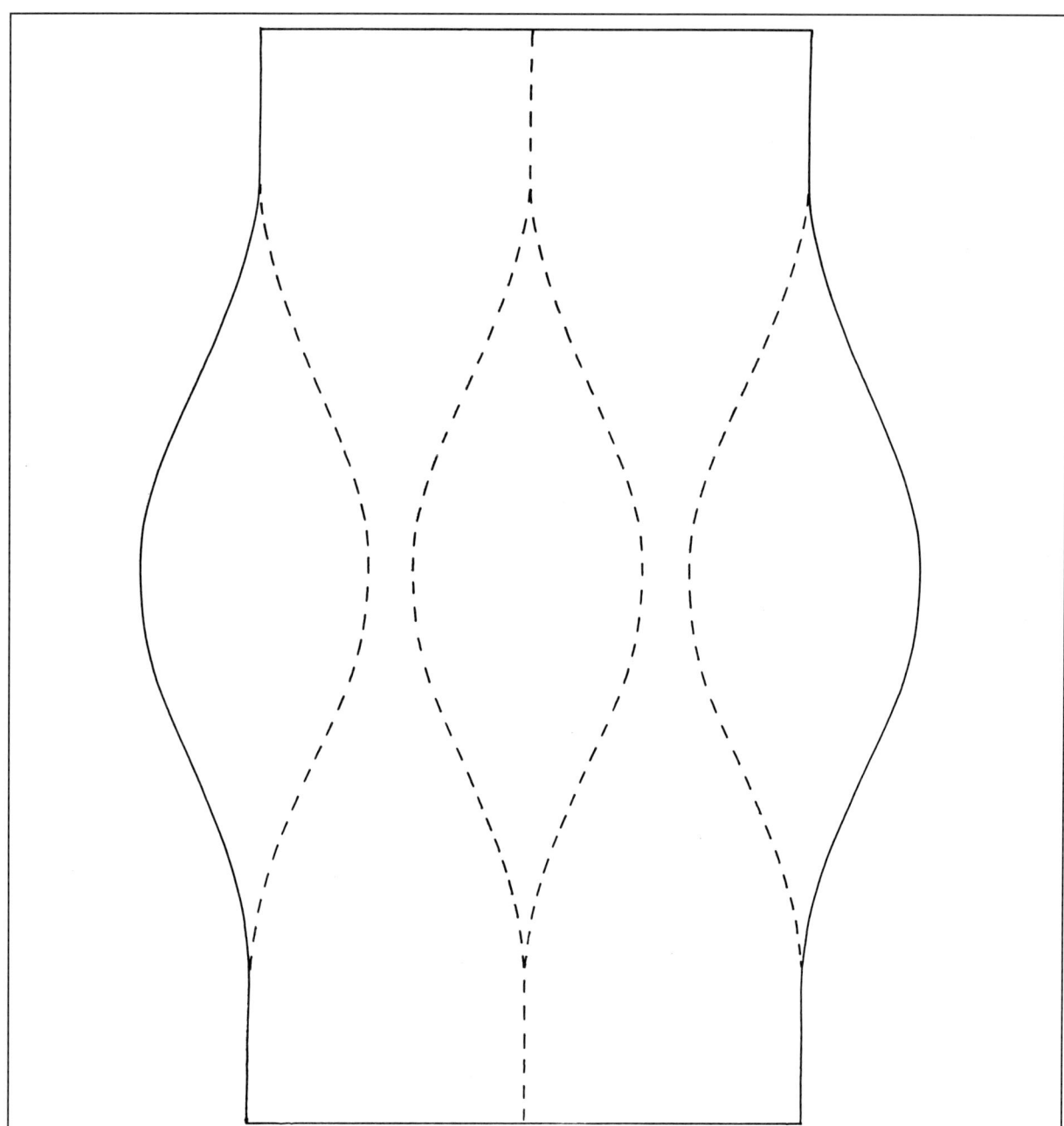

Eine abstrakte, geschlossene Form, deren Zuschnitt verblüffend einfach ist. Mehrere solcher Einzelelemente (wie in der Zeichnung oben) lassen sich in unterschiedlicher Reihung anordnen, wobei die konkaven und die konvexen Seiten schlüssig zusammenpassen; ein weites Feld für Ihren Gestaltungssinn! Wenn Sie dann noch auf die Schattenwirkung achten und wechselndes Licht mit ins Spiel bringen, können Sie überraschende Wirkungen erzielen.

Mit etwas Fingerspitzengefühl und mittels Schablone tief und sauber geritzt, springen die Zuschnitte dann fast von selbst in ihre plastische Form. Dann ist auch ganz klar zu erkennen, wo sie zusammengeklebt werden müssen. Der Klebstoffauftrag sollte – auch beim Zusammenfügen der fertigen Elemente – so sparsam wie möglich sein.

Eine anspruchsvolle Arbeit, die vor allem bei der Figur sehr viel handwerkliches Geschick voraussetzt. Doch wer sich damit begnügt, erst einmal nur Tisch, Hocker und Geschirr zu basteln, wird – auch als Anfänger – schnell Erfolg haben. Die selbstgefertigten Stücke können als rustikale Puppenmöbel verwendet werden; in jedem Fall sind sie eine gute Übung für den gewissenhaften Umgang mit dem Material und für Sauberkeit bei der Ausführung.

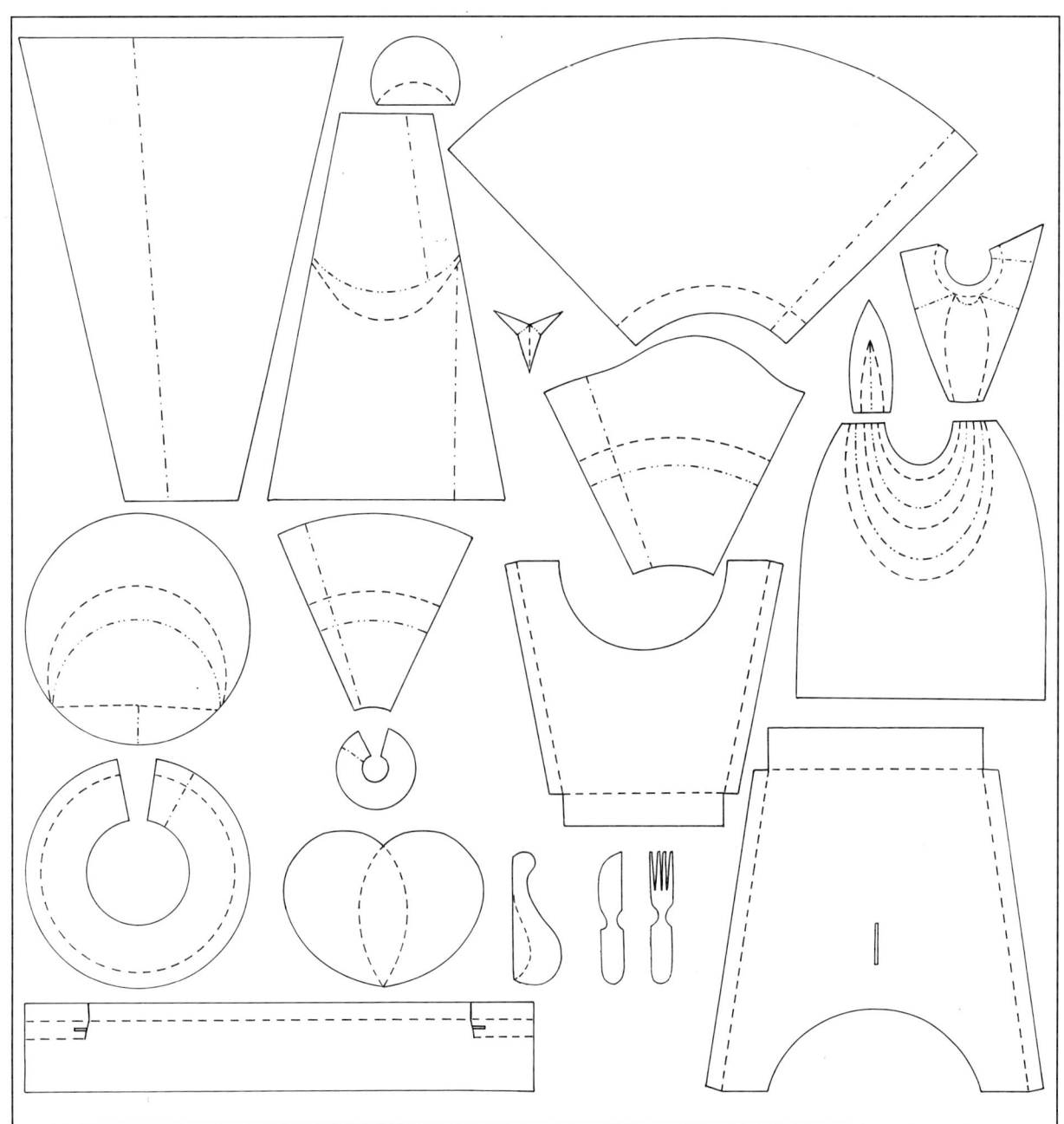

Auch die Arbeiten auf diesen Seiten sollen vor allem zeigen, wie weit man es mit der Papierplastik treiben kann; die Möglichkeiten sind fast unbegrenzt! So sind zum Beispiel Schulter und Hüfte von Don Quichottes Rüstung aus nur einem Zuschnitt geformt. Das setzt schon allerlei an Können und Routine voraus. Man könnte diese Teile auch aus einzelnen Teilen zusammenkleben, doch dann ginge eben der besondere Reiz der Plastik verloren.

Ornamentale Muster können ein geradezu unerschöpfliches Thema der Papierplastik sein. Hier sind der eigenen Kreativität keine Grenzen gesetzt. Von der Reihung einfachster geometrischer Flächen, denen durch nur ein oder zwei Falze etwas Plastik verliehen wird, bis hin zu reich ge- und verschlungenen arabeskenhaften Formen sind sie ein ideales „Lehrthema", mit dem man seine Fertigkeiten ständig erweitern kann.

Auch vor der Technik macht die Papierplastik nicht halt, wie diese Oldtimer beweisen. Dabei sollte man weniger auf das detailgetreue Nacharbeiten der Originale bedacht sein, sondern vielmehr das Originelle der jeweiligen Arbeit in den Vordergrund stellen.

Noch eine Möglichkeit des plastischen Gestaltens mit Papier. Ob nun eher flach oder hochplastisch, solche reliefartigen Darstellungen von Gebäuden, Städteansichten oder auch Wappen, die zu einem ganz besonderen Geschenk werden können, sind sehr attraktiv. Nur sollte man die Ansprüche an seine eigenen Fähigkeiten am Anfang nicht zu hoch schrauben. Aber auch mit einfachsten, abstrakten Darstellungen im Miniformat läßt sich eine tolle Wirkung erzielen.

Ravensburger® Creativ

Bianka-Maria Bernecker
Patchwork
24 zauberhafte Patchwork-Ideen, die
schnell und mit Erfolg nachzunähen sind
und sich als Geschenke gut eignen.
ISBN 3-473-**45615**-2

Rolf Jensen
Weihnachten
Dekorieren und Schenken.
So wird Weihnachten noch schöner:
Dekorieren und Schenken mit Herz.
ISBN 3-473-**45616**-0

Maren Diekow
Lichtspiele
Lichter, Lampen und Laternen für Partys,
große und kleine Feste oder für
besinnliche Abende zu Hause.
ISBN 3-473-**45617**-9

Marianne Heller-Seitz
Geschenke aus bemalter Seide
Zauberhafte Vorschläge, wie man Seide
bemalt und aus diesen Seidentüchern
Geschenke für jeden Anlaß herstellt.
ISBN 3-473-**45613**-6

Ekkehard Drechsel
Tick Tack
30 Uhren zum Nachbauen.
In diesem Buch findet jeder seine Uhr
zum Selbermachen.
ISBN 3-473-**45618**-7

Hanns-Peter Krafft/Claudia Wirsching
Clowns & Co.
Kreative Basteleien aus Holz.
Jede Menge Clowns, dazu Geishas,
Engel, Würfelkatzen und schräge Vögel –
alle Figuren sind aus Holz und anhand
detailgenauer Skizzen leicht
nachzuarbeiten.
ISBN 3-473-**45619**-5

Sieglinde Holl
Lustige Durchblicke
Jahreszeitliche Themen und festliche
Höhepunkte im Fensterbild, das ist der
Inhalt dieses Buches. Die klaren Vorlagen
machen das Nacharbeiten zum
Vergnügen.
ISBN 3-473-**45614**-4

® **Ravensburger**